———

LE

RÉGIME DU SABRE

PARIS. — IMPRIMERIE ÉMILE VOITELAIN ET Cᵉ

61, rue Jean-Jacques-Rousseau.

QUESTIONS ALGÉRIENNES

LE

RÉGIME DU SABRE

PAR

ALBERT LAVIGNE

EX COMMANDANT DES TIRAILLEURS PARISIENS

CHEVALIER DE LA LÉGION D'HONNEUR

« *To be or not to be.* »

SHAKESPEARE.

PARIS

LIBRAIRIE INTERNATIONALE

A. LACROIX, VERBOECKHOVEN ET Cᵒ, ÉDITEURS

15, boulevard Montmartre et faubourg Montmartre, 13

MÊME MAISON A BRUXELLES, A LEIPZIG ET A LIVOURNE

1871

LE RÉGIME DU SABRE

I

LA VÉRITÉ SUR L'ALGÉRIE

> « Sans la liberté de blâmer, il n'est
> point d'éloge flatteur, et il n'y a que les
> petits hommes qui redoutent les petits
> écrits. »   (BEAUMARCHAIS.)

Ce qui se passe en Algérie est tellement grave, que
nous considérons comme un devoir d'attirer l'attention
du Gouvernement sur des faits qui ne sauraient rester
inaperçus, quelles que soient d'ailleurs nos préoccupations intérieures.

L'insurrection arabe, loin de s'éteindre, gagne
chaque jour du terrain, et cependant nous avons près
de 90,000 hommes de troupes au sein de la colonie.

En Algérie, il n'y a qu'une voix pour reprocher à

l'autorité militaire une inertie systématique; partout, dans les réunions, dans la presse, le même sentiment est exprimé; on croit voir dans les lenteurs de la répression une sorte de parti pris.

L'opinion publique ne se trompe pas.

Oui, il existe aujourd'hui comme toujours, pour le malheur de la colonisation et la ruine de la patrie, un certain élément militaire, jaloux de reconquérir son ancienne puissance, qui crée au Gouvernement civil des difficultés contre lesquelles il espère le voir se briser.

Que le Gouvernement de la République, en dépit des préoccupations qui l'assaillent, jette les yeux sur la situation douloureuse que quelques mauvais patriotes ont faite à notre belle colonie : la France n'a plus les moyens de garder l'Algérie comme propriété de plaisance à l'usage de quelques hauts fonctionnaires.

C'est donc au Gouvernement qu'incombe le devoir de trancher nettement la question; le nôtre est de l'éclairer sur les causes principales qui ont fait depuis quarante ans, de l'Algérie, un vaste champ de manœuvre, la terre privilégiée des *razzias*, et le foyer incessant d'insurrections multiples, dont les répressions, combinées savamment, ont abouti à la nudification complète des quatre cinquièmes du sol de ce malheureux pays.

Que les aveugles et les vendus qui ne veulent pas voir clair dans l'épouvantable gâchis de la situation présente, ne me fassent pas un crime d'avoir la vue plus perçante et la fibre nationale plus irritable qu'eux, car si je me trompais ce serait du moins en nombreuse et bonne compagnie.

Il faut aujourd'hui que la question soit nettement posée.

Ou le Gouvernement veut faire disparaître entièrement la race Arabe de l'Algérie en la massacrant ou en la refoulant dans le désert, au delà des hauts plateaux du Tell, et alors qu'il ose l'avouer;

Ou bien il veut assimiler la race Arabe à notre vie politique, et alors qu'il annexe l'Algérie à la France, purement et simplement.

Voici à l'appui de notre thèse, l'argumentation de M. le docteur Warnier, aujourd'hui député de l'Algérie, à l'Assemblée nationale, dont personne ne peut contester l'autorité, la compétence en pareille matière.

« L'annexion avec assimilation a l'avantage d'être
« dans les traditions historiques de la France, car elle
« a créé cette admirable unité nationale que l'Europe
« nous envie; elle seule peut fondre en un seul peuple
« des éléments aussi dissemblables entre eux que l'A-
« rabe, le Berbère et le Français moderne. Hier encore,
« la France s'annexait la Savoie et le comté de Nice; à
« la fin du siècle dernier, la Corse et le comtat d'Avi-
« gnon; antérieurement, depuis la fondation de la mo-
« narchie française jusqu'à la Révolution de 1789,
« toutes ces belles provinces comprises entre le Rhin,
« les Alpes, la Méditerranée, les Pyrénées et l'Océan
« Atlantique.

« L'annexion offre ce côté heureux que, tout en
« créant l'unité nationale sur une base politique, admi-
« nistrative et sociale uniforme, elle comporte toutes
« les exceptions transitoires nécessitées par les diffé-
« rences de langues, de mœurs, de religions des peuples
« annexés. Avant la Révolution, qui a nivelé toutes les
« institutions françaises, le pays étant mûr pour cette
« réforme radicale, la plupart des provinces avaient
« leur régime particulier. En matière financière, judi-
« ciaire, administrative et politique, les lois n'étaient
« pas les mêmes au Midi et à l'Est qu'au Nord et à
« l'Ouest; cependant la France était une, malgré la di-
« versité des coutumes, des régimes, les manières
« d'être et de faire, basées sur les traditions. Il peut en
« être de même en Algérie.

« La Kabylie, plus récemment soumise, attachée
« d'ailleurs à ses institutions qui se rapprochent des
« nôtres, peut très-bien rester, pendant quelque temps,
« sous un régime municipal et fiscal différent de celui
« des autres tribus du Tell.

« Les Arabes pasteurs de la région des steppes et du
« Sahara qui, dans leurs pérégrinations annuelles,
« obéissent bien plus aux lois impérieuses de la nature
« qu'à toutes lois sociales, peuvent très-bien, sans in-
« convénient pour personne, continuer à rester sou-
« mises au régime de la vie patriarcale.

« Quant aux tribus sédentaires et agricoles du Tell,
« — en dehors de la Kabylie — déjà assimilées aux
« Européens en matière de propriété par le sénatus-

« consulte de 1863, déjà proclamées françaises par le
« sénatus-consulte de 1865, déjà habituées au contact
« des colons dont les établissements ont pénétré leurs
« territoires, nous ne voyons pas quels motifs sérieux
« s'opposent à ce qu'elles soient soumises au régime
« des 217,098 musulmans du territoire civil qui s'en
« trouvent si bien. Pas plus qu'à ceux-ci, on ne dispu-
« tera le bénéfice de quelques exceptions inhérentes au
« statut personnel et à la liberté religieuse, et dont les
« mœurs feront bientôt justice. »

Nous nous efforcerons, dans le cours de ce travail, de
faire preuve de modération et d'éviter le froissement des
personnalités. Nous aimons l'Algérie, nous déplorons
le système qu'elle subit, mais nous n'écrivons pas de
parti pris, par opposition ou dénigrement systématique.
Le désir de contribuer à la prospérité de l'Algérie —
notre pays d'adoption — en apportant notre modeste
pierre à l'édifice social, est notre seul mobile.

Mais nous l'avouons, le cœur nous saigne et la rou-
geur nous monte au front quand nous voyons ce que
savent faire les Anglais dans des possessions situées à
24,000 kilomètres de la Grande-Bretagne, et ce que
nous faisons, nous, d'un pays qui est à nos portes, sous
nos yeux, que nous touchons pour ainsi dire de la
main; d'un pays qui ne demande qu'à produire pour
acquitter sa dette envers la métropole, augmenter la
fortune générale dans une proportion illimitée, et de-
venir pour la France une terre providentielle, où pour-
raient pacifiquement se résoudre la plupart des brû-

lantes questions qui découlent du problème posé à la société par le paupérisme et la misère.

D'un côté, des milliers d'hommes qui ont soif de propriété; d'un autre côté des territoires immenses sans propriétaires; d'un côté des millions de bras qui n'aspirent qu'à travailler; de l'autre, des millions d'hectares qui n'attendent que les bras pour se couvrir de riches et abondantes récoltes. Quel plus heureux concours de circonstances peut-on désirer?

Malheureusement, et c'est là l'une des plus grandes plaies de la colonie, comme aussi, disons-le franchement, une des plus grandes hontes de la métropole, l'Algérie est à peu près entièrement ignorée de la France.

On se fait généralement de l'Afrique du nord l'idée la plus fausse et la plus erronée. Les uns n'y voient qu'un désert de sable, des steppes arides, dévorées par un soleil de feu; les autres n'y aperçoivent que le yatagan des Arabes et s'imaginent qu'on ne saurait traverser la Mitidja, le Sahel ou la plaine de l'Habra, sans courir les plus graves dangers; ceux-ci la croient infestée de bêtes féroces, lions, tigres, panthères, qui sèment partout la terreur et la mort; ceux-là ne voient que marais empoisonnés de fièvres et d'épidémies.

Enfin, on a tellement faussé les esprits en leur présentant le roman de l'Algérie, que le pli est pris, et qu'il sera très-long et très-difficile de le faire disparaître, eo qui ne contribue pas peu à en éloigner les émigrants

et à empêcher les capitaux d'y venir opérer fructueusement et avec une complète sécurité.

Et maintenant voulez-vous savoir pourquoi 500,000
Européens émigrent tous les ans aux États-Unis, lorsque depuis quarante ans nous n'avons pu attirer en Algérie plus de 230,000 émigrants, dont 135,000 Français ?

C'est qu'ils vont chercher en Amérique ce qui leur
manque en Afrique, ce que vous ne savez pas et ne pou-
vez pas ou ne voulez pas leur donner : *la liberté!*

II

RÉGIME MILITAIRE

« Le monde comprend que la colonisation de l'Algérie n'intéresse pas la France seule, mais aussi
l'Europe entière. Il y voit une conquête de la civi-·
lisation sur la barbarie et un champ nouveau ou-
vert à l'activité de toutes les nations, au profit des
arts, des sciences, de l'agriculture, du commerce
et de l'industrie, qui commandent la paix. »

(Maréchal Bugeaud.)

La question que nous allons aborder est si ardue, que
nous croyons indispensable de prévenir nos lecteurs que
si nous faisons ici le procès aux institutions qui nous
régissent actuellement, nous n'entendons nullement
attaquer les hommes qui ont été ou sont encore au pouvoir, et pour la plupart desquels nous professons une
profonde estime et une respectueuse sympathie. Loin de
nous l'intention de frapper sur aucune des gloires, sur
aucun des grands noms militaires que l'Afrique a révélés
à l'Europe et au monde.

La susceptibilité des personnes mise hors de cause, abordons franchement le sujet.

L'Algérie est divisée en trois provinces et chaque province en territoire civil et territoire militaire. Le territoire civil de chaque province forme un département.

Le département est soumis au régime administratif des départements de la métropole, sauf les exceptions résultant de la législation générale de l'Algérie, et principalement la fâcheuse anomalie qui place les préfets sous les ordres des généraux, alors qu'en France ce sont les préfets qui mettent les généraux en réquisition. Le territoire militaire est exclusivement administré par les autorités militaires.

La colonie est actuellement commandée par un vice-amiral, ayant le titre fallacieux de gouverneur civil; il doit régulièrement fonctionner sous l'autorité et les ordres des ministres de la guerre et de l'intérieur, mais son omnipotence est incontestable. Un conseil de gouvernement assiste le gouverneur général dans l'examen de toutes les affaires qui intéressent la haute administration de l'Algérie. Un secrétaire général est spécialement chargé de la préparation et de l'expédition des affaires administratives, attribuées au gouverneur général.

Les trois provinces de l'Algérie forment autant de divisions militaires.

La province d'Alger comprend six subdivisions :

Alger, Blidah, Médéah, Aumale, Milianah et Orléans-ville.

La province d'Oran compte cinq subdivisions : Oran, Mostaganem, Sidi-Bel-Abès, Mascara et Tlemcen.

La province de Constantine a quatre subdivisions : Constantine, Bône, Sétif et Batna.

Chaque subdivision comprend un ou plusieurs *cercles* commandés par un officier supérieur : ils sont au nombre de onze dans chacune des trois provinces.

L'administration des territoires militaires est essentiellement inhérente au commandement militaire. Elle comprend l'administration des Européens et des indigènes établis dans ces territoires. La direction supérieure en appartient, dans chaque province, sous l'autorité immédiate du gouverneur général, au général commandant la division.

Il existe, auprès de chaque général divisionnaire, un bureau spécial d'administration civile.

Les fonctions judiciaires peuvent être exercées, dans chaque localité, par un juge de paix ou, à son défaut, par le commandant de la place ou tout autre officier désigné par le commandant de la division.

Dans chaque subdivision et dans chaque cercle, l'administration du territoire militaire est exercée, sous les ordres du général commandant la division, par les officiers investis du commandement militaire. Ils ont *sous leurs ordres les officiers chargés des affaires arabes et les fonctionnaires et agents indigènes.* Si je souligne ces derniers mots, c'est pour faire ressortir la responsabilité qui incombe à tous nos hauts fonctionnaires.

Chez les peuples organisés de telle sorte que le gouvernement exerce une influence minime sur les affaires particulières, il peut y avoir conflit et crise dans les régions officielles, sans qu'il y ait pour cela trouble grave dans les classes de l'industrie et du commerce. C'est ce que l'on voit dans la vieille Angleterre et dans la jeune Amérique du Nord.

Mais chez nous, — gens administrés par excellence, — qui, n'ayant pas le droit de l'initiative, ne pouvons rien faire sans permis, patente ou brevet, et qui, depuis le jour de notre naissance jusqu'à celui de notre mort, sommes réglementés même dans les manifestations les plus intimes de notre vouloir ; chez nous, Algériens, que le gouvernement tient sans cesse en lisière, tout hésite si le gouvernement est indécis, et tout est paralysé s'il est instable.

Or, un seul regard jeté sur l'Algérie montre que notre organisation administrative n'a rien de définitif ni rien de stable. Il est donc facile de comprendre pourquoi le pays entier est frappé de marasme et marche à grands pas vers une misère croissante : de là à une ruine imminente, il n'y a pas loin.

Le premier malheur de notre établissement a été de ne pas savoir ce à quoi notre conquête pouvait nous servir ; si l'on devait s'y étendre pour en faire une colonie, ou bien si l'on devait s'y maintenir pour la garder à l'état de comptoir commercial et d'étape maritime.

Le second malheur a été de donner à la conquête un caractère d'hésitation, de tâtonnements, d'intermittences, de temps d'arrêt et de mouvements de recul, qui en ont indéfiniment prolongé la période. Il en est résulté que la colonisation, œuvre des temps de paix, a dû suivre fatalement toutes les phases de la guerre.

De plus, la réunion absolue dans les mêmes mains de l'autorité qui conquiert et de l'autorité qui colonise, a été bien longtemps funeste à l'Algérie.

Je ne parlerai pas ici du sauvage système des razzias à fond, sur tout ce qui vivait et croissait au soleil; des haines et des répulsions que tant de deuils ont laissées dans la race indigène; de la nudification complète du sol, livré aux extirpations, aux incendies, et où forêts, vergers et maisons faisaient place à l'envahissement des luxuriantes broussailles; des douars et des villes livrés à la soldatesque, qui, après le massacre des habitants, mettait le feu aux quatre coins et, non contents d'enlever tout ce qui se trouvait sous sa main, d'amener au camp tout le bétail, brisait les jarres d'huile, brûlait les grains des silos ou les jetait à la rivière : non, je n'inscris cela que pour mémoire. Je n'insisterai pas davantage sur les désastres dus aux créations *à la russe* de villages militaires, de *capitaineries*, comme on les appelait, et dans lesquelles laboureurs, planteurs, femmes et enfants, population uniquement civile, avaient leur vie et leurs travaux réglés aux sons du clairon ou du tambour, comme au Moyen Age ils l'auraient été par le fouet du majordome ou la cloche du beffroi.

L'autorité militaire s'étendait aux actes mêmes de la vie sociale et souvent à ceux de la vie privée. Le capitaine mariait et aussi, dit-on, démariait ; il recevait les actes de naissance, de décès ; rédigeait au besoin les testaments ; composant à lui seul un tribunal, il prononçait sur les litiges et condamnait naturellement sans rémission tout ce qu'il croyait devoir lui faire obstacle. C'était l'intronisation d'une sorte de régime à la turque ; comme autant de petits *pachalicks* où souvent on ressuscitait, au grand déplaisir des administrés, certains droits et pratiques qui avaient fini par disparaître du code féodal.

Mais ce que nous tenons à cœur de constater, ce qui est suffisamment démontré par une triste expérience de *quarante ans*, c'est l'incompatibilité entre la colonisation qui veut des terres, de l'indépendance, des garanties, et l'administration militaire, qui garde les terres, qui ne connaît que la discipline et qui admet les jugements sans publicité des conseils de guerre.

Quand nous entreprîmes la conquête de l'Algérie, nous n'avions aucun système arrêté d'occupation : très-différents en cela des Anglais qui ne préparent et n'accomplissent une conquête que le jour où ils savent bien à quoi elle peut leur servir. Pour nos hommes d'Etat, pour nos généraux, comme pour le vulgaire, l'Algérie était, sur ses côtes, un nid de pirates qu'il fallait nettoyer ; et dans les terres, une tourbe de sauvages qu'on pourrait exterminer et refouler comme les tribus de l'Amérique.

A l'heure de la bataille, on rencontra sur la côte le nid de pirates ; on le foudroya. A l'heure de l'occupation, il se trouva que la tourbe sauvage était une race énergique tenant au sol par l'agriculture et par une antique nationalité, fort peu disposée à se laisser exterminer, et fort peu soucieuse d'être refoulée dans le désert.

Aussi pendant vingt ans, la colonie n'a été qu'un champ de manœuvres, la terre privilégiée des razzias ; l'agriculture, le commerce et l'industrie ne pouvaient y trouver place qu'autant qu'ils étaient utiles à l'armée.

Nos généraux, nos soldats remplissaient vaillamment leur rôle, et la dictature qui leur était accordée était justifiée par les circonstances. Qu'ils administrassent bien ou mal, cela importait peu ; il s'agissait avant tout de conquérir, de pacifier le pays. L'armée conquérait, l'armée pacifiait ; on n'avait rien de plus à lui demander, rien de plus à en attendre.

Absorbés qu'ils étaient par le tumulte des armes, par les préoccupations stratégiques et administratives de la guerre, toujours entraînés à des déplacements qui portaient leur quartier général là où les appelaient les nécessités de la conquête, les gouverneurs militaires, en eussent-ils eu l'intelligence et la volonté, ne pouvaient se montrer, ni soucieux, ni prévoyants, des intérêts matériels et moraux sur lesquels repose la formation de toute société civile. Ils appliquèrent dans son extension la plus complète le système du *laissez-faire, laissez-pas-ser*, qui se convertit plus tard en un relâchement inouï de tous les liens moraux, qui attachent l'homme public aux devoirs de sa charge.

Qui ne se souvient de ces exactions, de ces pilleries, qui, commencées aux trésors de la Casbah, s'en allèrent se continuer dans toutes les branches de l'administration militaire de notre conquête? La France murmura hautement; la presse et la tribune flagellèrent les impudeurs; la justice fit comparaître sur ses bancs quelques-uns de leurs auteurs pris parmi les plus hauts, et le souvenir de ces vilenies est tellement resté attaché à leurs flancs, que les services rendus plus tard, l'éclat des victoires et les suprêmes dignités de l'armée n'ont pas toujours réussi à les laver.

Que de récits n'avons-nous pas entendus tout haut, en place publique, touchant des dossiers *fatalement* tombés aux mains des parties adverses, des billets vendus, des titres altérés, des actes frauduleux, de faux envois en possession, des arbitrages vidés au moyen d'un chiffre de corruption qu'on cite jusqu'au dernier centime, des successions enlevées avant scellés, des propriétaires dépouillés et passant ensuite pour des coquins qui ne pouvaient pas payer leurs dettes! Que d'achats et de ventes illicites! Que de marchés passés dont les contractants se volaient à qui mieux mieux! Que d'avances d'argent sur des milliers de bœufs ou de chameaux qu'on se proposait de conquérir dans une razzia prochaine, et à laquelle il fallait bien se lancer pour payer ses dettes et renouveler son crédit! Quelle extravagance onéreuse dans les frais de justice! Que de concussions, de vols audacieux dont l'Etat a été la victime, dont le personnel et le matériel de l'armée ont eu à souffrir!

Un jour l'historien n'en finira pas, s'il veut recueillir tous les faits de ce genre qui vivent dans la mémoire des contemporains de l'occupation, et dont les héros, — que nous pourrions citer — venus en Algérie avec des bottes éculées, ont fait la *fantasia* dans de belles maisons mauresques et sur de magnifiques chevaux arabes!

« Oh! la vieille Afrique, l'Afrique romaine, l'Afrique des préteurs, des proconsuls, des exacteurs, l'Afrique des pensionnés de Jugurtha, des grandes commissions civiles et militaires, a dû tressaillir dans les ruines dont les Goths et les Vendales vengeurs lui ont fait un tombeau. Elle a pu croire un moment que l'heure de la renaissance allait aussi sonner pour elle! » disait M. de Lafeuillide dans son excellent livre sur l'Algérie.

Mais, la conquête finie, la pacification achevée, Abd-el-Kader vaincu et devenu l'ami de la France, on eut le tort immense de ne pas comprendre que désormais le rôle principal devait appartenir à l'élément civil et on laissa la direction de la colonie au pouvoir militaire : ce qu'il en a fait pendant une période de dix ans, de 1848 à 1858, sauf la courte régénération tentée pendant la Révolution de février 1848, nous n'avons pas à le redire, la situation de l'Algérie le dit assez haut.

En 1858, le gouvernement métropolitain, éclairé par

des scandales regrettables, comprit que le moment était venu d'entrer dans une voie nouvelle, et le ministère de l'Algérie fut créé.

Le nouveau ministère, mû par un désir de conciliation qu'on ne saurait blâmer, tâcha de maintenir en équilibre le pouvoir militaire et le pouvoir civil, l'instrument du passé et l'instrument de l'avenir; il attendait d'ailleurs, pour arriver aux réformes radicales, que plusieurs mois d'étude l'eussent mis au courant des besoins du pays. C'était prudence.

Tout le monde le comprenait ainsi, et c'est pour cela que tout le monde attendait avec confiance la réalisation du programme de Limoges, quand la retraite inexplicable du... *fils de* JÉRÔME, — avant même qu'il eût pris possession de son poste en Algérie, — et plus tard la guerre d'Italie, vinrent en interrompre l'accomplissement.

Au lieu de donner, après la paix de Villafranca, une extension sérieuse au territoire civil, qui ne possède que les quinze centièmes des terres, on alla guerroyer contre les Beni-Ssnassem à la fin de 1859, et ravager la Kabylie orientale en 1860; tout tomba à l'état de lettre morte.

La Kabylie fumait encore de ses restes d'incendie lorsque l'Homme de Sedan et sa digne Compagne vinrent nous rendre visite à Alger. Leur arrivée ralluma l'espoir des colons, et la réception fut chaleureuse; mais après un court séjour de soixante heures, consacré en revues, bals, réceptions officielles et *fantasias*, le yacht *l'Aigle* vint nous reprendre nos ineptes visiteurs, et tout fut dit.

Le chef de l'État nous revint en 1864 et visita, rapidement il est vrai, toutes les villes principales du littoral des trois provinces « Oh! cette fois, plus de doute, se disait-on; l'empereur est venu pour tout voir de ses propres yeux, une ère régénératrice, libérale, nouvelle, va luire pour notre colonie! » Mais, hélas! l'impitoyable espérance nous avait encore mystifiés, la lettre impériale de juin 1865, l'intronisation d'un *royaume arabe*, vinrent nous rappeler à la réalité.

En 1863, le maréchal Pélissier disait : « Tout nous commande d'appeler et de fixer en Algérie une population européenne nombreuse, et d'assurer la propriété à celui qui aura su la mettre en valeur. » Or, que voit-on dans la lettre impériale? qu'il faut respecter l'organisation des tribus, c'est-à-dire que ce qui, en 1863, était déclaré destructif de toute civilisation, doit être respecté en 1865, et que la propriété individuelle ne sera que l'exception !

Bien avant le maréchal Pélissier, le maréchal Bugeaud, avec ce coup d'œil sûr qui appartenait à un homme si élevé, n'avait pas hésité à condamner le régime militaire. Il avait parfaitement compris que le seul moyen de conserver l'Algérie était d'y introduire l'élément civil, pour y développer la fécondité du sol et le travail des bras, pour y faire installer l'industrie, y assurer des débouchés sérieux au commerce et y attirer surtout les capitaux, qui n'afflueront vers notre colonie que le jour où le régime du sabre aura complétement disparu.

Un capitaliste de nos amis nous disait, un jour que nous l'engagions à tenter quelques opérations avec le commerce algérien : « Je n'irai dans ce pays, qui me paraît fort beau, que lorsqu'on n'y sera plus exposé à être mis à la salle de police par le dernier des caporaux. »

Nous le répétons, l'omnipotence du régime militaire a fait son temps. Aussi bien en Algérie qu'en France, le pouvoir militaire n'a pas besoin d'être administratif, il doit être subordonné à l'élément civil, qu'il a mission de protéger et non d'opprimer. L'émigration en Algérie ne sera sérieuse que lorsque l'homme qui abandonnera son pays natal y trouvera au moins autant de liberté qu'il en laisse derrière lui. Cette liberté, ce n'est pas l'administration militaire qui peut la lui donner au contraire.

Il faut donc prendre sérieusement un parti : si l'on veut que la colonie reste un fief militaire, un prétexte à armement, il faut le dire sans détours, et, pour déguiser ce projet, ne pas appeler une poignée de colons à une ruine certaine; si, au contraire, on a réellement l'intention de coloniser, il faut entrer dans la voie des réformes sans plus tarder.

Nous dirons aux militaires : « Oui, vous vous entendez très-bien à remplir votre rôle véritable; mieux que personne vous gagnez un Magenta ou un Isly; mais, en fait d'administration, nos préfets en savent plus long que vous, et, en fait de jurisprudence, nos magistrats sont plus expérimentés. »

Aujourd'hui, la longue période d'étude est terminée, la question est nettement posée, le gouvernement peut la résoudre. L'expérience a démontré que laisser le pouvoir militaire en possession des *quatre-vingt-quinze* centièmes du territoire, c'est faire à l'administration civile, actuellement sous la tutelle des officiers généraux, une situation impossible, et créer des conflits incessants. D'ailleurs, l'autorité civile et l'autorité militaire sont comme l'eau et le feu : si elles se rencontrent elles s'annihilent, mais ne se combinent pas.

Il faut donc sortir de cette impasse fâcheuse, en donnant au territoire civil une extension sérieuse, ou le supprimer complétement.

M. Clément Duvernois, — avant de déserter le drapeau de la liberté, — avec sa connaissance parfaite de l'Algérie, disait : « Le principe d'autorité doit être souverain ; dans un pays nouveau qu'on veut organiser, il faut que le pouvoir soit fort, que la volonté dirigeante soit une et souveraine. Pour qu'elle soit souveraine, il faut qu'elle ne puisse être discutée : abolissons la discussion. Ne tenons aucun compte de l'individu ; supprimons sa force sous prétexte de le réglementer ; rendons-nous maîtres de lui en supprimant ses droits politiques. »

Nous dirons, nous : « Le principe de liberté doit être souverain ; dans un pays où tout est à créer, il faut que o us les efforts, que toutes les intelligences aient un libre essor; il faut que cet essor ne puisse pas être contrarié par les caprices arbitraires de l'autorité. »

Il y a quelques jours, M. Thiers a cru tourner la difficulté en nommant M. le comte de Geydon, *vice-amiral*, gouverneur *civil* de l'Algérie. Je suis loin de contester sa bonne volonté et ses aptitudes, car je suis persuadé que si ma modeste brochure lui était mise sous les yeux, le brave général me donnerait raison ; mais voyez le conflit qui règne déjà entre l'honorable gouverneur et les chefs militaires !

Le *Moniteur algérien* du 1er août, organe officiel, est gros de révélations dans le paragraphe suivant :

« Qu'on le sache bien en France, la crise que nous « traversons est grave entre toutes ; comme en 1860, « *il y a divergence de vues entre les dépositaires de l'au-* « *torité*, et, là où les circonstances commandent impé- « rieusement l'unité de direction, *il y a tiraillement et* « *conflits en face d'une insurrection menaçante*. — Il faut « en finir. »

En résumé, il faut que l'administration militaire soit remplacée par l'administration civile et,—*si* L'ON NE VEUT PAS ANNEXER *définitivement l'Algérie à la Métropole*, — qu'un ministère spécial soit installé à Alger. Ce ministère concentrerait entre ses mains les attributions qui appartiennent aujourd'hui à la direction de l'Algérie et au gouverneur général, et celles qui, en France, sont dévolues au ministre de l'intérieur et au ministre de l'agriculture, du commerce et des travaux publics.

L'administration des cultes, de l'instruction publique

et de la justice appartiendrait au ministre compétent, et
la gestion des finances au ministre des finances.

Le ministère spécial embrasserait la gestion de tout
le territoire algérien, divisé en quinze départements,
administrés par des préfets et des sous-préfets. Il aurait
la nomination d'un certain nombre de fonctionnaires,
mais tous les chefs de service et les préfets seraient
nommés, sur sa proposition, par le chef de l'État.

L'armée résidant en Algérie serait placée sous les
ordres du ministre de la guerre, comme l'armée qui
réside en France, cependant elle serait sous les ordres im-
médiats d'un commandant en chef, nommé par le chef de
l'État, sur la proposition du ministre de la guerre. En
cas d'insurrection, le ministre spécial de l'Algérie pourrait requérir l'emploi de la force armée. Il pourrait, au
besoin, d'accord avec le commandant en chef, mettre
tel ou tel département en état de siége ; néanmoins cette
mesure devrait être immédiatement soumise au chef de
l'État. Mais, je le répète, l'annexion vaut mieux.

Quoique, depuis la chute de l'émir, l'occupation de
l'Algérie par une armée de 70,000 hommes soit un non-
sens, — 45,000 hommes seraient on ne peut plus suffi-
sants, — on pourrait, si on désire avoir, en prévision
d'un conflit européen, une armée aguerrie prête à être
lancée sur le continent, comme cela a eu déjà lieu lors
des guerres de Crimée et d'Italie, on pourrait, dis-je,
augmenter encore le chiffre actuel de l'armée d'Afrique
et le porter à 150,000 hommes. D'après la nouvelle loi
ur l'armée, payer la troupe en France ou en Algérie

cela revient au même et ne constitue aucun supplément de dépenses au budget du ministère de la guerre; au contraire, la vie en Algérie étant moins coûteuse qu'en France, il y aurait même économie. La moitié de l'armée d'Afrique serait éparpillée dans nos garnisons algériennes, et l'autre moitié, organisée en colonnes volantes, pourrait s'exercer à la fatigue et à l'art de la guerre sur les lisières du Sahara ou sur le confin de la ligne du Tell, tant que cela conviendrait à ses généraux, et en se remplaçant réciproquement tous les quatre mois. L'armée, assimilée à son rôle normal, aiderait à la consommation des produits agricoles et des denrées commerciales, en même temps qu'elle assurerait la tranquillité à nos tribus sahariennes, et faciliterait l'entrée, en Algérie, des caravanes venant de l'Afrique centrale et du Soudan.

III

BUREAUX ARABES

« Les officiers des bureaux arabes ont la prétention d'exercer sur les tribus placées sous leur autorité une police telle qu'elle ne pourrait être faite par d'autres aussi bien que par eux; cependant, des faits de la plus haute gravité viennent révéler fréquemment combien cette police est nulle. Ainsi, pendant plusieurs années, le chaouch Mohammed-ou-Saïd a pu régner en sultan dans le cercle de Dra-el-Mizan, rançonner tous ses habitants, faire condamner, au moyen de faux témoignages, un innocent à mort et d'autres à la détention, sans que la police des bureaux arabes ait eu connaissance de toutes ces forfaitures. Ainsi encore, dans le cercle de Ténès, le père et la mère de deux enfants recueillis par l'archevêque d'Alger, en 1867, ont pu égorger successivement sept de leurs coreligionnaires musulmans, en saler la viande, s'en nourrir pendant des mois entiers, sans que la police des bureaux arabes ait été informée de pareils actes de cannibalisme. »

(5e lettre à M. Rouher. — Jules DUVAL
et dr WARNIER.)

Avant de démontrer par des arguments irréfutables combien l'administration des indigènes par les *bureaux arabes* a été fatale au progrès et à la civilisation de la colonie, nous croyons qu'il est indispensable d'initier nos lecteurs à leur organisation administrative.

Le gouvernement des Arabes est dans les attributions de l'autorité militaire. Il est exercé par les bureaux arabes.

Des bureaux arabes sont établis aux chefs-lieux des subdivisions et des cercles. Les bureaux des chefs-lieux des subdivisions sont de première classe et composés d'un capitaine, d'un lieutenant, d'un ou de deux sous-lieutenants et d'un interprète. Les bureaux des chefs-lieux des cercles sont de deuxième classe et composés d'un lieutenant, d'un ou de deux sous-lieutenants et d'un interprète. Le bureau du chef-lieu de la subdivision centralise les travaux des bureaux des cercles.

Au chef-lieu de la division est un bureau division-naire, qui centralise les travaux de tous les bureaux de la division. Les bureaux divisionnaires sont eux-mêmes centralisés par les bureaux politiques d'Alger.

Les bureaux arabes ont les attributions les plus éten-dues.

Ce sont eux qui surveillent politiquement les tri-bus ;

Ils sont chargés de faire dresser les rôles d'impôts et d'assurer la perception des contributions;

Ils surveillent les rapports des chefs indigènes avec leurs administrés ;

Ils jugent la plupart des crimes et délits qui se commettent dans leurs circonscriptions, et ils instruisent toutes les affaires qui sont ensuite envoyées aux conseils de guerre;

Ils interviennent officiellement ou officieusement dans les relations qui se nouent entre Européens et indigènes;

Ils dirigent et réglementent l'agriculture et l'industrie chez les Arabes;

Ils ont la haute main sur l'instruction publique;

En un mot, c'est dans leurs mains qu'est le sort de 2,500,000 indigènes, disséminés sur le sol algérien.

Et pour tant de gestions diverses, les chefs des bureaux arabes ne reçoivent qu'une allocation annuelle de 1,200 fr., le lieutenant une allocation de 600 fr., et les sous-lieutenants n'ont pas même de supplément de solde!

Nous insistons sur ces chiffres parce que de prime-abord on suppose que cette administration est peu coûteuse. Nous verrons plus loin, en traitant des impôts, que cette économie est très-onéreuse et que l'administration des affaires arabes est, au contraire, la plus dispendieuse de toutes les administrations.

Les bureaux arabes ont sous leurs ordres directs tous les chefs indigènes, depuis le *cheick* jusqu'au *khalifa*.

Voyons, avant d'aller plus loin, sur quelles bases repose l'organisation hiérarchique des chefs indigènes.

L'organisation des tribus est déterminée d'après la

fixation des circonscriptions militaires. Le *douar* (réunion des tentes en cercle) est considéré comme la base de la constitution sociale des Arabes. Un certain nombre de douars réunis forment une *ferka* (fraction), obéissant à un cheick. L'assemblage de plusieurs ferkas compose une *tribu*; elle est commandée par un *kaïd*. Plusieurs tribus groupées constituent, soit un grand *kaïdat*, soit un *agalik*, sous les ordres d'un *kaïd-el-kaïd* (kaïd des kaïds) ou d'un *agha*. Des agaliks peuvent former une circonscription relevant d'un *bach-agha* (chef des aghas) ou d'un *khalifa*. Le *cercle* comprend ordinairement plusieurs kaïdats, placé sous les ordres directs d'un commandant supérieur ou d'un agha, selon que l'état du pays le permet.

Le khalifa ou le bach-agha relève, soit du commandant de la subdivision, soit du commandant de la division. *Cependant*, A TOUS LES DEGRÉS, les bureaux arabes ont pour mission de *diriger et de surveiller* TOUS *les chefs indigènes*, sous l'impulsion immédiate de l'autorité militaire.

Le cheick reçoit l'investiture de l'autorité politique, sur la présentation de son kaïd; à ce titre, il est fonctionnaire. Il agit sous la direction du chef de la tribu, règle dans sa *ferka* les contestations relatives aux labours, concourt aux opérations pour l'assiette, la répartition et la rentrée des amendes et de l'impôt, sur lesquels *il retient ses honoraires*; il rassemble les bêtes de somme requises pour le service des convois militaires ou le bon plaisir des chefs du bureau arabe; en

un mot, il exerce sur ses administrés une surveillance
de simple police : un maire d'une commune française,
plus la perception des *douros*.

Le kaïd est choisi parmi les hommes les plus mar-
quants de la tribu; il est nommé par le commandant
de la division, sur la présentation du commandant de la
subdivision. Ses attributions sont très-variées; il est
directement responsable de l'exécution des ordres du
commandant français, qui lui sont transmis par les
bureaux arabes ou par les grands chefs indigènes; il
perçoit l'impôt de toute sa tribu, accompagné du cheick
de chaque ferka et escorté d'un *chaouch* muni de la *ma-
traque* (canne) traditionnelle.

Il est chargé de la police intérieure; il préside le
marché et juge les actes de désobéissance, les rixes et
les contestations de minime importance dans lesquelles
les intérêts de la loi civile ou religieuse ne sont pas en-
gagés. Il peut frapper des amendes jusqu'à concurrence
de 25 francs, et réunit le contingent des cavaliers lors
d'une expédition. Les Kaïds ne reçoivent pas de traitement fixe; *ils touchent des frais de perception sur le produit des impôts et des amendes.* On peut juger par là de la
pluie d'amendes qui tombe sur la tête des pauvres administrés.

Les Aghas sont nommés par le gouverneur général,
sur la présentation du général de division. Ils surveillent
les Kaïds; ils jugent avec les mêmes attributions que
ces derniers, mais sur des causes plus graves et compre-
nant des individus appartenant à des tribus différentes.

Ils peuvent imposer des amendes de 50 francs. Ils centralisent, pour les tribus placées sous leurs ordres, les opérations relatives à l'impôt, et commandent les contingents armés convoqués par l'autorité militaire. Il y a trois classes d'aghas, dont les traitements sont fixés à 1,200, à 1,800 et à 3,000 francs, indépendamment des cadeaux et autres revenus indirects.

Les Khalifats, bach-aghas ou aghas indépendants, exercent sur le territoire, une autorité politique et administrative. La plupart disposent d'une troupe indigène, armée et soldée par la France, pour maintenir la tranquillité, mais qui cependant donne quelquefois des résultats contraires. Ils peuvent prononcer des amendes jusqu'à concurrence d'une somme de 100 francs, et il est rare qu'ils n'appliquent pas toujours le maximum. Les Khalifas touchent un traitement annuel de 12,000 francs, et ont des droits proportionnels sur la perception des impôts et des amendes. Le traitement des bach-aghas n'est que de 5,000 francs, mais ils jouissent des mêmes priviléges que les Khalifas.

Nous avons oublié, dans notre exposé, une personnalité qui représente à elle seule la magistrature légale d'une tribu, et qui vaut la peine d'être connue : nous voulons parler du *Kadhi*. Il rend la justice d'après la jurisprudence civile et religieuse du Koran. Il règle les contestations civiles, dresse les actes de mariage, prononce les divorces, procède à la liquidation des héritages, etc., etc. Les Kadhis attachés aux bureaux arabes sont rétribués; ceux des tribus touchent des droits pour les actes qu'ils rédigent, et jouissent en outre de certaines immunités pour les corvées imposées à la tribu.

Si je continue cette publication en traitant dans une deuxième brochure des indigènes et des insurrections, le lecteur verra combien sont taillables et corvéables les malheureux indigènes algériens, et de combien de catégories très-distinctes se composent les impôts et les corvées. Nous nous attacherons aussi à démontrer, dès que nous en aurons fini avec les *bureaux arabes*, combien est minime, la part du produit total des perceptions, qui revient aux caisses de l'État, alors que ce total a passé par tant de mains diverses et qu'il a déjà subi un si grand nombre de réductions proportionnées.

Mille réflexions viennent en foule assaillir l'esprit dès qu'on examine la composition des bureaux arabes.

On remarque que chaque bureau, qui a cependant l'administration d'une population considérable et des attributions multiples, n'est néanmoins composé que de trois ou quatre personnes. On s'étonne surtout de trouver parmi ces personnes, chargées d'un aussi lourd fardeau, des lieutenants et des sous-lieutenants; l'on se demande aussitôt si ces hommes, nécessairement jeunes, ont assez d'expérience, un caractère assez mûr, pour bien remplir la grave mission qui leur est confiée.

Il est évident que le doute est au moins permis. Mais après examen, ce qui éclaircit tous les doutes, ce qui fait condamner sans rémission l'administration arabe, c'est le mode adopté pour le recrutement du personnel qui la compose.

En effet, tout sous-lieutenant de l'armée, sorti de l'école ou de la classe des sous-officiers est apte à entrer dans les affaires arabes; il lui suffit d'en faire la demande. Aucun examen ne lui est imposé, il n'est interrogé sur rien, il n'est tenu de rien savoir : il est officier, cela suffit.

Voilà donc un homme sorti à peine des bancs de l'école, un jeune homme plein d'inexpérience, ou s'il est arrivé par ancienneté ou action d'éclat, fort ignorant la plupart du temps, auquel on ne confierait pas le sort d'une compagnie, qui va disposer, sans transition, sans préparation aucune, du sort de plusieurs milliers d'Arabes, d'hommes étrangers pour lui, dont il ignore la langue, dont il ignore les mœurs, dont il *ignore tout*, excepté le nom.

On va nous répondre : « Mais ce sous-lieutenant n'a aucun commandement, il agit sous les ordres d'un chef. »

Pardon, avec des attributions aussi diverses que le sont celles d'un bureau arabe, avec un personnel aussi limité que celui qui le compose, chaque homme qui en fait partie a sa mission, sa part très-large de responsabilité; souvent le capitaine s'absente, le lieutenant est en tournée, et le sous-lieutenant reste seul chargé du fardeau.

Nous demandons à tous les hommes de sens quels

services on peut attendre d'une administration ainsi formée.

Outre le vice que nous venons de signaler il en existe un autre aussi grave, c'est que les officiers qui composent cette administration, n'ayant subi aucun examen, n'ayant justifié d'aucunes connaissances spéciales, ne forment pas un corps spécial. Ils font partie de l'armée et ils y rentrent quand bon leur semble.

De telle sorte que les hommes qui entrent dans les affaires arabes ne prennent aucun goût à leurs fonctions. Ils y viennent quand l'avancement est plus rapide qu'ailleurs; ils en sortent quand une guerre éclate et promet de l'avancement aux officiers des corps.

Mais ce n'est pas tout. Le chef du bureau arabe est le plus expérimenté des membres du bureau. Entré jeune dans les affaires, il y a commis de nombreuses erreurs, mais, à force d'expérimenter sur la nature vivante, il s'est instruit, il s'est éclairé. Pour peu qu'il soit naturellement intelligent, il commence à rendre quelques services. Vite on le nomme chef de bataillon et il cède sa place à un nouvel écolier.

On voit que, par le fait même de sa constitution, l'administration des bureaux arabes est frappée d'incapacité, d'impuissance, et qu'elle est au-dessous de sa mission. Nous ajouterons que cette administration échappe à tout contrôle.

Le gouverneur général a beau faire des circulaires et les généraux de division ont beau transmettre des ordres : les circulaires restent à l'état de lettre morte, les ordres demeurent inexécutés : disons mieux, ils sont inexécutables.

Que de vols, de pillages, n'avons-nous pas vu commettre en ces derniers temps de misère affreuse, d'impitoyable famine ! Les prisons étaient combles partout, les conseils de guerre fonctionnaient et les criminels comparaissaient par fournées de trente et quarante par jour. Mais cela n'était rien comparativement aux délinquants qui passaient devant l'expéditive justice des bureaux arabes. Là, des voleurs, des faussaires, des pillards — qui chez nous seraient allés au bagne, ou tout au moins dans une maison de détention — étaient frappés, les plus riches d'une simple amende et les autres d'amendes renforcées par quelques coups de bâton, qui chez les plus pauvres atteignaient le chiffre de vingt-cinq, cinquante, cent, suivant les cas !

Et pourtant il existe des circulaires très-formelles qui interdisent l'usage des coups de bâton, comme peine correctionnelle. Mais comment empêcher un chef de bureau arabe d'employer ce moyen, lorsqu'il n'en a aucun autre pour réprimer les crimes et délits ? Préférerait-on qu'il laissât les coupables impunis ?

Pour remédier à cette situation, il ne s'agit pas de faire des circulaires. Depuis quarante ans qu'on en fait, les choses n'en vont guère mieux. Ce qu'il faut c'est un changement complet de système, c'est une organisation régulière des services administratifs et d'un service judiciaire. Seulement, comme cela aurait le grave inconvénient d'ôter à l'Algérie le caractère de fief militaire qu'elle a revêtu depuis la conquête, on aime mieux fermer les yeux.

Qu'on ferme les yeux tant qu'on voudra, mais qu'on nous permette de demander si c'est ainsi qu'on prétend moraliser, civiliser et rallier à nous le peuple arabe !

Bien que nous ne voulions traiter à fond la question brûlante des impôts qu'au troisième chapitre de notre deuxième travail, c'est ici la place d'en dire cependant quelques mots, car ils se rattachent intimement aux bureaux arabes et aux chefs indigènes.

Deux causes essentielles contribuent à diminuer les recettes dans le territoire arabe :

La première, que nous définirons dans notre prochaine brochure, c'est la mauvaise organisation ou plutôt la non-organisation de l'administration des indigènes ; les bureaux arabes chargés de soins multiples, peu au courant de leur mission, lâchent la bride aux chefs indigènes, qui en profitent pour se livrer à tous les excès.

La seconde, qui se confond avec la première, c'est la mauvaise assiette des impôts, qui provient surtout de la désorganisation de la propriété.

Pour établir l'impôt, le Kaïd de chaque tribu dresse, à l'époque des labours, un état des terres ensemencées, et il adresse cet état au chef du bureau arabe, qui avec ces états par tribus, fait un état général pour tout le cercle. C'est d'après ce dernier état qu'on dresse le rôle de l'impôt.

Avoir la liste exacte des terres labourées, leur éten-

due, le nom de leurs propriétaires, n'est pas chose facile dans un pays où les surfaces sont immenses, relati-
vement à la population. Ainsi, dans ce premier recensement, de nombreuses erreurs, plus ou moins volon-
taires, doivent être commises.

Puis, quand est venu le moment de la récolte, il faut
évaluer le rendement de l'hectare, non-seulement pour
chaque subdivision, pour chaque cercle, mais encore
pour chaque tribu. L'équité voudrait même qu'on éva-
luât isolément le rendement de chaque hectare, car si
ma terre n'a donné que cinq hectolitres, je ne dois
qu'un demi-hectolitre, alors même que dans toute l'Algérie, on aurait obtenu sur une surface égale des résultats meilleurs. On sent combien est difficile, tran-
chons le mot, combien est impossible une pareille vérification.

Mais après cette vérification, bien ou mal terminée,
tout n'est pas fini : il faut estimer encore le prix moyen
de l'hectolitre, évaluation d'autant plus difficile que,
dans chaque tribu, le prix augmente ou diminue, suivant que la tribu est plus ou moins rapprochée ou éloi-
gnée de marchés européens.

Nous n'hésitons pas à déclarer qu'en présence de difficultés aussi grandes, l'administration la plus éclairée,
la plus vigilante commettrait des erreurs nombreuses,
soit au détriment de l'État, soit au détriment des con-
tribuables. Comment veut-on que l'administration des
bureaux arabes puisse s'en tirer? Aussi obtient-elle
des résultats désastreux, que nous allons constater et

traduire en chiffres, lorsque nous parlerons des impôts arabes.

Et ici, qu'on ne fasse pas d'équivoques : nous n'accusons pas les bureaux arabes de malversations. Mais, pour celui qui a la garde des intérêts publics, il y a deux sortes d'improbité : celle qui consiste à prendre, et celle qui consiste à laisser prendre. Si l'une des deux est plus coupable que l'autre, toutes les deux sont également contraires à l'intérêt public.

Si les chefs arabes pouvaient être assimilés, sous le rapport de la probité, au plus improbe de tous les fonctionnaires européens, l'établissement des listes offrirait encore certaines garanties; mais l'Arabe n'a aucune notion de ce que nous appelons la probité administrative.

On ne modifie pas en un jour la manière de voir d'un peuple. De temps immémorial, les chefs indigènes, considèrent les fonctions publiques comme des fermes dont on doit tirer le meilleur parti possible. Le prix de la ferme est représenté, dans leur esprit, par les cadeaux qu'ils font à leurs supérieurs, par l'hospitalité qu'ils donnent à tous les hommes du gouvernement. Le produit est représenté par les exactions que le pouvoir dont ils sont les dépositaires leur permet d'exercer.

En se plaçant à ce point de vue, on peut aisément comprendre quelle loyauté apportent les chefs dans l'établissement des listes. Là, comme toujours, ils sont uniquement guidés par leurs intérêts et par leurs amitiés. Ils peuvent d'autant mieux s'adonner à leurs penchants, que la vérification de leurs actes est à peu près impossible.

Pour la fixation du rendement moyen de l'hectare, pour la fixation du prix moyen par hectolitre, c'est encore à eux qu'il faut s'en rapporter, et là encore ils peuvent tromper sans difficultés.

Aussi le déficit énorme que nous constaterons dans la perception de l'impôt arabe, tient-il autant de la mauvaise marche suivie pour la fixation de l'impôt, que du mauvais système adopté pour sa perception.

On a paru croire qu'une réforme importante était accomplie, le jour où l'on a décidé que l'impôt arabe serait versé directement par les chefs indigènes, *accompagnés d'un officier du bureau arabe*, entre les mains du receveur des contributions directes. Cette précaution, qui paraît excellente, est au fond complétement illusoire.

Elle ne peut avoir pour objet d'empêcher l'exaction que commet le Kaïd dans sa tribu ; tout ce qu'elle pourrait effectuer serait d'empêcher l'exaction par les bureaux arabes. Mais si, d'accord avec cette loi, *nous supposons* un instant que les bureaux arabes sont susceptibles de commettre des exactions, nous reconnaissons que cela leur est aussi facile depuis la loi qu'avant elle, car ils n'auraient qu'à exiger du Kaïd une somme supérieure à celle qui doit être versée et en encaisser la différence.

Pour remédier fructueusement à un pareil état de choses, le plus simple serait, après l'annexion ou l'organisation d'un ministère spécial, de remettre au service des contributions directes le double soin de dresser les états des terres cultivées, et de percevoir l'impôt : des percepteurs se rendant au sein des tribus, feraient eux-mêmes le recensement et viendraient eux-mêmes en recevoir le montant, jusqu'à ce que la propriété arabe soit définitivement constituée et le cadastre complétement dressé.

Nous savons qu'on objectera la difficulté de trouver un nombre suffisant d'agents connaissant la langue arabe. Cette objection n'a aucune valeur.

Quand on le voudr. sérieusement, on trouvera le personnel nécessaire, et si on ne le trouvait pas immédiatement, il ne faudrait pas deux ans pour le former, la langue arabe pouvant facilement s'apprendre en dix-huit mois. Qu'on annonce la création d'un nombre important de postes nouveaux, qu'on mette ces postes au concours, et nous sommes persuadés qu'il se présentera là, comme partout, dix fois plus de jeunes gens qu'on n'en pourra admettre.

D'ailleurs, outre les interprètes arabes assermentés, il y a encore soixante-quatorze Français dans l'enseignement, appartenant à l'élément civil, et possédant assez bien la langue arabe pour en enseigner la lecture, l'écriture, la grammaire et même la littérature. Enfin, sur les 72,508 enfants européens nés dans le pays et dont 2,397 ont atteint leur majorité, il y a un noyau de plus de 1,000 jeunes gens, élevés au milieu des Arabes et parlant leur langue, beaucoup mieux certainement que les officiers des bureaux arabes, dont 155 sur 191 ne peuvent communiquer avec leurs administrés, qu'à l'aide d'interprètes.

Après la défaite de l'Émir Abd-el-Kader, on conserva l'organisation arabe, mais on la défigura. Tous les chefs indigènes n'ont relevé depuis que de l'autorité militaire, mais s'ils ont gardé l'autocratie sur leurs concitoyens, ils ont été subordonnés aux bureaux arabes.

Absolus d'un côté, ils ont été d'une complète dépendance de l'autre, et leur absolutisme comme leur subordination a été sans limites. Pour expliquer les abus incurables dont l'Algérie est le théâtre, qu'on nous permette de citer ce qu'un officier français écrivait à un journaliste de ses amis : « On parle de féodalité; mais où est-elle, si la puissance n'existe pas? Un sous-lieutenant, adjoint au bureau arabe, est plus puissant que le chef indigène le plus illustre. Celui-ci lui rend hommage, lui doit le respect; il ne peut ni rançonner ses sujets, ni les tyranniser sans tomber du faîte de sa grandeur. Qu'est-ce qu'un chef que le caprice d'un officier peut jeter sur le pavé? » Voilà le mode d'administration qui continue à régner en Algérie : nous régnons sur des esclaves, qui règnent sur d'autres esclaves; la société civile s'émiette d'instant en instant; c'est une poussière qui disparaît en même temps que la dignité humaine.

« Les bureaux arabes, a dit Jules Favre du haut de la tribune, en 1869, investis de ce pouvoir excessif, sont dirigés par des hommes privilégiés qui sont en dehors de tout contrôle et qu'on croit incapables de commettre des fautes.

« L'honorable baron Jérôme David disait que l'insurrection de 1864 avait été pour quelque chose dans les souffrances de l'Algérie. Je suis de son avis; mais quelles ont été les causes de cette insurrection? Elle a eu pour cause les erreurs de ceux qui étaient investis d'un pouvoir absolu.

« Le drapeau de l'insurrection, en effet, a été levé par des familles attachées à la France, qui lui avaient rendu des services signalés, qui souvent avaient combattu à côté de nos soldats : pourquoi donc ces cheicks ont-ils proclamé la guerre sainte? Parce qu'il y avait eu abus de pouvoir.

« Vous prétendez que l'insurrection de 1864 a été causée par l'imprudence des colons, qui se sont trop avancés vers le Sud; mais ils vous disent qu'ils n'ont pas besoin de vous pour les protéger contre les Arabes, qu'ils se chargeraient de repousser les maraudeurs; que si vous êtes intervenus, c'est parce que vous vouliez des expéditions pour vos soldats, parce qu'elles font la gloire de l'armée. »

L'éloquent orateur avait oublié d'ajouter que l'insurrection de 1864 et ses causes subsistaient, encore, que Si-Hamza tenait toujours la campagne et venait *raser* fréquemment quelques tribus soumises aux portes mêmes de nos villes.

Nous pourrions ajouter, nous, dont le patriotisme ne peut être suspecté, qu'au moment du suprême danger, alors que nos féroces envahisseurs foulaient notre sol au cœur même de la France, que si le camp algérien a produit d'héroïques soldats, il ne s'est pas trouvé un seul général qui se soit révélé par un génie assez transcendant pour forcer la victoire à revenir s'abriter sous nos valeureux drapeaux.

Nous nous abstenons de retracer ici toutes les horreurs de l'insurrection algérienne; les cœurs qui sont restés éminemment français, comprendront notre pudeur.

Qui voudrait croire, en effet, qu'après tant de désastres et tant de hontes bues, les braves gens éminemment patriotes, — qui, arrachés violemment du sein de la mère patrie par un traité indigne, étaient venus en Algérie après l'annexion de l'Alsace et de la Lorraine à l'Allemagne, pour y demander des terres afin de rester Français; — aient été forcés, après avoir vendu à bas prix leurs patrimoines, avoir dissipé leurs maigres ressources, et avoir été éconduits par ceux-là même qui avaient la mission sacrée de les protéger, de revenir dans leur malheureux pays et de s'y faire prussifier, faute de secours, d'aide, de protection et de justice de leur véritable patrie : la France !

En résumé, il faut que la France sache que dans un pays où flotte le drapeau national depuis près d'un demi-siècle, vit une population de 2,500,000 âmes, qui est jugée sans tribunaux et administrée par des lieutenants et par des capitaines, qui rendent la justice sans connaître la loi; qui dirigent l'agriculture sans connaître l'agriculture; qui gèrent les finances sans en savoir le premier mot, et qui retournent dans leurs régiments respectifs, dès qu'ils ont acquis l'expérience nécessaire pour leurs fonctions multiples.

Alors seulement la France saura pourquoi l'*Algérie est un boulet pour la mère patrie*; — comme on se complaît à le répéter si souvent et surtout si faussement, puisqu'il est prouvé par les chiffres officiels, qu'il n'y a que 60 millions d'avances non recouvrées en 39 ans, — pourquoi cette belle colonie n'est pas le grenier de la métropole comme elle l'était de l'empire romain et de l'empire ottoman ; pourquoi les capitaux et les bras ne veulent y venir pour répandre partout le bien-être et la vie ; pourquoi le territoire arabe ne produit rien, et pourquoi les cultures y sont pratiquées en dépit de toutes les lois économiques.

FIN

LIBRAIRIE INTERNATIONALE

A. LACROIX, VERBOECKHOVEN & Cie, Éditeurs

13, boulevard Montmartre et faubourg Montmartre, 13

HISTOIRE

DE LA

CAMPAGNE DE FRANCE

1870 - 1871

Par E. DELAUNAY

2 vol. in-8º. paraissant en dix fascicules de 80 pages environ,
avec huit cartes, au prix de 1 franc le fascicule.

L'OUVRAGE COMPLET, 2 VOL. IN-8º : 10 FRANCS

La France, violemment disjointe, est rendue enfin à elle-même. Son premier besoin est de rassembler dans sa pensée tous les détails et les accidents de cette lutte désespérée.

Voici un livre qui répond à ce besoin d'informations générales et complètes. Grâce à lui, Paris et la province vont se retrouver et se comprendre ; la lumière va se faire et l'ordre s'introduire dans ce chaos de rumeurs contradictoires et rétrospectives,

Un écrivain de talent, préparé par des études historiques de haute valeur, M. Ferdinand Delaunay s'est donné la tâche de retracer l'*Histoire de la Campagne de France* (1870-71). Son travail, constamment animé par un souffle d'indépendance et de libéralisme, par des peintures saisissantes où l'on surprend les tressaillements, les espérances et les angoisses du patriotisme, embrasse tous les faits moraux, politiques, diplomatiques, militaires et administratifs qui ont préparé, provoqué ou accompagné la guerre.

A côté du récit détaillé, dramatique et vivant des événements on trouve des déductions lumineuses et des jugements mûrement réfléchis.

Ce n'est donc pas un travail improvisé, en ce sens que rien n'y est négligé ni tronqué. Les parties les plus importantes et les plus difficiles, qui touchent à la politique générale, y sont traitées avec soin. Un ensemble de documents précieux, que la publicité journalière disperse à tous les vents, y sont réunis pour établir authentiquement les faits, confirmer les appréciations et donner des matériaux aux historiens futurs.

L'œuvre de M. Ferdinand Delaunay n'est pas seulement l'œuvre d'un historien, mais d'un patriote. Elle nous fait pénétrer la raison profonde des choses, la logique, souvent cachée et toujours inexorable, des faits. L'auteur écrit pour les contemporains, afin de les éclairer et de les corriger, mais aussi pour la génération qui s'élève, afin de la fortifier, de l'armer, de l'aguerrir. Il travaille à l'œuvre grande et sainte de guérison et de résurrection.

« Le moment est venu, dit-il, de reconnaître nos faiblesses, nos fautes, nos vices, nos crimes, pour les proscrire et les effacer. Le moment est venu de porter sur nos plaies le fer et le feu. Descendons en nous-mêmes, éclairons nos consciences ; devenons attentifs, modestes, sérieux et forts.

« Savez-vous quel sera le chemin de la réhabilitation, c'est-à-dire de la vengeance ?

« L'étude, le travail, le devoir, la discipline dans les idées et dans les mœurs ! »

Paris. — Imp. Émile Voitelain et Cⁱᵉ, 61, rue J.-J.-Rousseau.

www.ingramcontent.com/pod-product-compliance
Lightning Source LLC
LaVergne TN
LVHW022210080426
835511LV00008B/1675